AF316197

DISCOURS

PRONONCÉ

PAR LE T. R. P. DIDON

PRIEUR DE L'ÉCOLE ALBERT-LE-GRAND, A ARCUEIL

LE 15 JUIN 1891

PRIX :

75 Centimes

PRIX :

75 Centimes

PARIS

P. LETHIELLEUX, ÉDITEUR

10, RUE CASSETTE, 10

DISCOURS

PRONONCÉ

PAR LE T. R. P. DIDON

PRIEUR DE L'ÉCOLE ALBERT-LE-GRAND, A ARCUEIL

LE 15 JUIN 1891

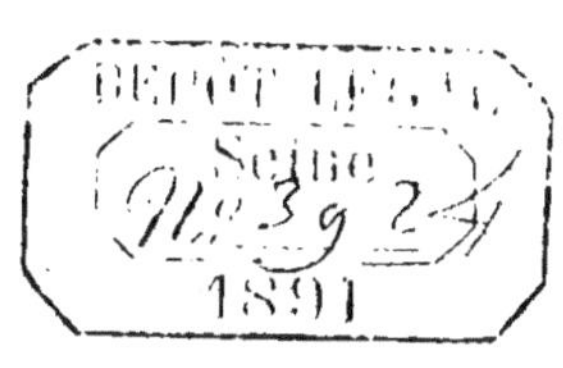

PARIS

P. LETHIELLEUX, ÉDITEUR

10, RUE CASSETTE, 10

DISCOURS

PRONONCÉ PAR LE T. R. P. DIDON

> « *Vas electionis est mihi iste ut portet nomen meum coram gentibus et regibus et filiis Israël.* » (Act., IX, 15.)
>
> « Il m'est un instrument choisi pour porter mon nom aux nations, aux rois et aux fils d'Israël. »

MESSEIGNEURS,

MESSIEURS,

L'originalité du génie de saint Bernard consiste dans le mélange extraordinaire d'une vie intérieure, toute de sacrifice, de méditation, de prière, d'extase, et d'une vie extérieure très active, infatigable, prodigieuse, irrésistible. On avait connu avant lui de grands contemplatifs, on avait connu aussi de grands apôtres ; mais ce mélange de contemplation et d'action, cette alliance en un même être du moine et de l'apôtre est merveilleuse, et elle mérite d'être signalée comme la caractéristique de ce grand saint et de ce grand homme. De telle sorte que l'on peut dire qu'il est un des grands moines de la chrétienté, à coup sûr du douzième siècle, et aussi qu'il est taillé à la mesure des premiers apôtres, et sans contredit le grand homme d'action, l'ouvrier divin du douzième siècle.

On ne connaît les hommes que par leur temps et par leur milieu, on ne les connaît pas en tout cas sans leur temps et leur milieu. Qu'est-ce donc que le douzième siècle ? Le douzième siècle appartient à cette époque mémorable, un peu et beaucoup décriée, que l'on appelle le Moyen Age, époque qui a eu l'honneur insigne de concevoir, de promouvoir et en partie de réaliser l'idéal le plus grandiose peut-être qui jamais ait enflammé l'espèce humaine. Que voulait-il, ce Moyen Age ? Il a voulu sanctifier l'humanité sous la loi de l'Évangile ; il a voulu distinguer, affranchir, harmoniser les deux grands pouvoirs — pouvoir religieux, pouvoir civil et politique — qui mènent le monde, et par là établir dans le monde une grande paix qui n'existe qu'à la condition que ces deux pouvoirs s'entendent ; enfin, il a voulu soumettre la raison à la foi dans une synthèse immense, qui a été assurément la plus grande lumière qui se soit levée sur l'horizon de l'humanité.

Voilà ce que le Moyen Age a ambitionné, et sous l'action providentielle il a mis trois siècles, le onzième, le douzième et le treizième, à concevoir, à promouvoir, à réaliser en partie, comme on réalise toutes choses en ce monde, cet idéal superbe.

La Providence, qui menait ce temps héroïque, a envoyé des hommes de premier ordre : dans l'ordre politique et religieux, un initiateur comme Hildebrand, le grand pape Grégoire VII, et un consommateur des choses en progrès comme le pape Innocent III ; dans l'ordre intellectuel de la synthèse théologique, des esprits éminents comme Anselme de Cantorbéry, Guillaume de Champeaux, Pierre Lombard, et des génies comme Albert le Grand et saint Thomas d'Aquin ; dans l'ordre de la sainteté, ces grands moines du onzième et du douzième siècles Bruno, Étienne, Malachie, Norbert, Pierre le Vénérable, et plus tard saint François et saint Dominique et cette légion d'âmes héroïques qui leur faisait cortège, un cortège si splendide que l'humanité, quand elle veut voir la sainteté réalisée, regarde encore vers ces siècles méconnus !

Eh bien, Messieurs, tandis que des hommes n'ont été grands que par la sainteté qu'ils ont su opposer à la corruption de ce monde, tandis que d'autres n'ont été grands que par la doctrine, tandis que d'autres n'ont été grands que par la sagesse politique qui ramène tout à la concorde et à la paix, votre compatriote, Bernard de Fontaines, le grand Bourguignon, que je regrette de ne pas voir fêter par le pays tout entier, Bernard, le moine et l'apôtre, a été grand en tout ; il a été le premier en tout, et dans le douzième siècle il a été l'ouvrier de Dieu, le rénovateur de la sainteté contre les passions humaines qu'il voulait brider, l'apôtre et l'agent infatigable de l'unité de l'Église gravement compromise par le schisme, et enfin le docteur vigilant qui a tenu la raison en bride et qui l'a empêchée de verser dans l'erreur et dans l'hérésie.

Voilà le triple rôle que je voudrais avoir l'honneur de développer devant vous, l'histoire en main, afin que vous soyez fiers de votre grand homme et de votre grand saint, et qu'il n'y ait pas une âme ici, même parmi ceux qui ne partagent pas ma foi, qui ne soit prête à applaudir le grand Bernard de Fontaines.

Monseigneur l'Évêque de Dijon, je suis profondément

ému de l'honneur insigne que vous daignez me faire en m'invitant à parler de saint Bernard en cette circonstance solennelle de son huitième centenaire, et à mêler mon humble parole à la voix de ces prélats dont la science, dont l'éloquence égale ou surpasse l'autorité. Oui, j'en suis confus, et je tiens à le dire. Vous avez sans doute songé, Monseigneur, aux liens d'affection qui m'attachaient à votre éminent prédécesseur aujourd'hui archevêque de Bordeaux, et qui, me rattachant à lui, m'ont rattaché et me rattachent encore à ce diocèse de saint Bernard. Pendant trois ans, cette affection dont je m'honore m'a permis de m'asseoir au foyer épiscopal de ce diocèse, d'y voir défiler le haut clergé de Bourgogne dont j'ai pu admirer, je le dis sans compliments, l'intelligence, la finesse, la modération par conséquent, et la piété, et de recevoir, au moment où j'accomplissais une œuvre ardue, les encouragements nécessaires et les sages conseils plus nécessaires que les encouragements. Soyez béni, Monseigneur, d'avoir, en succédant à Monseigneur l'Archevêque de Bordeaux, accepté tout son héritage, l'héritage de ses grandes idées, et j'ajoute — ce qui pourrait peut-être paraître extraordinaire à une âme moins noble que la vôtre — l'héritage de ses grandes affections.

Je ne demande qu'une chose en ce moment, et je la demande humblement à Dieu, c'est de ne point trahir tant de confiance et de générosité.

Il est vrai que je suis enhardi par la présence de ces prélats éminents, de ces révérendissimes abbés, successeurs de saint Bernard. Oui, enhardi est bien le mot, car enfin leur présence m'est une force, puisque tout ici, tous ces vaillants et nobles évêques, continuent au dix-neuvième siècle la tâche de saint Bernard au douzième.

En est-il un seul qui ne soit un rénovateur de la sainteté évangélique, et qui n'ouvre dans notre monde moderne ces asiles de sainteté qui s'appellent les écoles, les séminaires, les Congrégations proscrites ?

En est-il un seul qui ne soit un apôtre, et un apôtre ardent de l'unité de l'Église, et qui ne montre avec quelle ardeur il est uni au siège de saint Pierre, et au pontife vénéré et illustre qui l'occupe depuis plus de douze années ? En est-il un seul qui ne soit un gardien vigilant de la foi et qui ne soit fier de la maintenir ? Dans ce monde où l'opinion est souvent égarée par des doctrines étranges et perverses, la foi reste forte et debout, grâce à la vigilance de nos pasteurs, de nos évêques bien-aimés.

Saint Bernard a été, au douzième siècle, le rénovateur de la sainteté évangélique : et c'est en cela que consiste son premier rôle ; il a été avide de réprimer la corruption humaine qui agit toujours, qui toujours bouillonne et fermente dans l'humanité. Bien que les essences soient invariables, leurs formes varient au gré du temps, et selon les milieux. Au douzième siècle, la corruption s'accusait d'une manière très déterminée. D'abord les races germaines qui avaient été conquises à l'Évangile étaient mal dégrossies, mal domptées, mal éduquées ; ce n'était qu'aux cinquième et sixième siècles qu'elles avaient été appelées à la foi, et il faut des siècles pour agir sur les races par la civilisation. L'esprit de l'Évangile se trouvait donc en présence de races violentes et batailleuses, violentes dans leurs mœurs et batailleuses jusque dans leurs plaisirs. Or voyez-vous le discours sur la Montagne régissant tout à coup ces natures indomptées ? Il fallait que l'esprit de sainteté agît fortement sur elles et les élevât peu à peu à la hauteur de ces commandements nouveaux. On doit reconnaître aussi que les moines étaient loin d'avoir gardé la ferveur première que saint Benoît leur avait communiquée en fondant son ordre monastique. Il y avait décadence chez les moines; et la fameuse abbaye de Cluny, une des anciennes gloires chrétiennes de cette terre de Bourgogne, se trouvait à cette époque dans un déclin que nul ne contestait. Les évêques eux-mêmes — j'en demande pardon à leurs successeurs qui n'ont rien à craindre de l'histoire — les évêques eux-mêmes, grands seigneurs, parce qu'ils ne pouvaient ne pas l'être en ces temps de féodalité, avaient plutôt l'esprit de faste que l'esprit de pauvreté évangélique; en rapport avec les ducs, les comtes et les barons — leurs pairs — ils étaient comme eux seigneurs de la terre; en rapport avec les rois et les empereurs, les évêques avaient plutôt l'opulence des cours que la simplicité que Jésus-Christ a demandée à ses apôtres.

Que fallait-il dans un temps pareil ? Il fallait, Messieurs, ce qu'il faut dans tous les temps, car la Providence de Dieu n'a qu'un moyen pour sanctifier, évangéliser les peuples, et ce moyen, toujours le même dans le fond bien que variant dans la forme, je ne crains pas de vous le dire sans forcer la note, le grand moyen pour renouveler évangéliquement et redresser la nature mauvaise, pour dompter les instincts bestiaux et tenir en bride les passions humaines, le moyen providentiel, en Orient comme en Occident, dans les temps anciens comme dans les temps modernes, ce n'est pas seulement l'esprit de l'Évangile — l'esprit de l'Évangile a besoin de se créer des organes, un instrument d'action — le moyen providentiel, je l'affirme avec quelque fierté : c'est le monachisme ! C'est par les moines, les moines d'Orient et les moines d'Occident, c'est par les moines du passé et par les moines transformés d'aujourd'hui que la corruption se guérit. Les membres du clergé séculier n'ont pas à s'effaroucher, ils sont des moines à leur manière, des moines accommodés aux temps nouveaux par la régularité de leur vie, le désir du sacrifice, la constance des vertus; ils ont l'esprit monastique, ils ont du monachisme dans les veines ! Et les évêques eux-mêmes ne sont-ils pas les chefs des moines ?

Comment, me direz-vous, le monachisme a-t-il pu évangéliser, perfectionner, sanctifier la nature humaine ? Comment ? je vais vous le dire.

La nature humaine est violente dans ses instincts, elle a les passions terrestres qui l'emportent vers la terre ; elle est égoïste; elle a horreur du sacrifice; elle ne lève pas volontiers les yeux vers le Ciel, et quoi qu'ait dit le poëte :

« Malgré moi l'Infini me tourmente.

« Je ne puis y songer sans crainte et sans espoir. »

Il y a dans l'homme, avant que le Christ ne l'ait rassuré, plus d'effroi de Dieu que de confiance en lui.

La nature humaine est cela : faite de terre dont elle veut manger, faite d'égoïsme dans lequel elle se replie, elle a une horreur secrète de l'invisible et elle s'en détourne.

Or, l'Évangile, c'est le contraire : il veut qu'on sacrifie ses passions, qu'on renonce à son égoïsme; il exige qu'on aime Dieu souverainement. C'est ce qui fait le moine; c'est ce que voulut et accomplit saint Bernard. Cette nature prédestinée a reçu de l'esprit de Dieu ces trois grandes choses. Quand on lit sa vie, lorsqu'on étudie ses écrits, lorsqu'on essaie d'entrer en communion intime avec cette âme et d'en sonder les profondeurs, on voit tout d'abord qu'il avait à un degré héroïque le sens de la vanité des choses de cette terre ; il les dédaignait absolument. A vingt-deux ans il en avait plus que le mépris, il en avait le dégoût, la nausée. Il se sentait pécheur, et dans la faim et la soif du sacrifice qui le dévorait, il voulait vivre avec le grand Crucifié Jésus-Christ ; il se mortifiait, s'accablait d'austérités pour ressembler mieux à son Maître immolé, et dans cette union effective avec le grand Sacrifié il dilatait, il nourrissait, il apaisait son amour passionné de Dieu. Voilà le trait caractéristique du moine, et par conséquent le trait caractéristique de saint Bernard.

On ne peut pas lire ses sermons, même dans ce latin du douzième siècle où, certes, la forme cicéronienne est durement malmenée, où l'on ne voit pas les longues périodes telles que les latins les aimaient, mais ce style haché, ces interrogations constantes, ces phrases rapides et brèves que la passion véhémente, débordante, affectionne, — on ne peut lire ses sermons, sans être enflammé de l'amour qui débordait de lui. Il a été surnommé, à cause de cela sans doute, le docteur melliflu. Ce docteur de miel toutefois parlait avec une énergie irrésistible, à donner le frisson, comme l'a dit le pape dans une lettre écrite à Monseigneur Lécot, il y a quelques années ; sa voix brisait les chênes, elle passait comme un souffle qui tranchait dans la flamme et qui pouvait éteindre le feu mauvais. *Un melliflu !* lui, le moine bourguignon ? Je ne connais pas de Bourguignons de marque ainsi maniérés, je les connais tous avec la vigueur du tempérament le plus énergique ; Bossuet était de cette race, et Lacordaire également. Bernard avait l'amour de Dieu qui lui brûlait la poitrine, et c'est par là qu'il était un grand moine.

Mais il est des moines que Dieu cache au monde et qui vivent ignorés des hommes : leurs prières sont silencieuses, leurs sacrifices secrets, leurs mérites invisibles. Ce ne sont cependant pas des forces perdues : ce sont des forces voilées.

Il en est d'autres que Dieu aime à produire au grand jour, et qu'il envoie revêtus de sa force, afin d'étendre son règne et de propager la gloire de son nom.

Saint Bernard est de ce nombre.

Lorsque cette vigoureuse nature de moine, toute rayonnante, fut mise sur le chandelier, lorsque le jeune homme de Fontaines partit pour Cîteaux afin de s'incorporer à l'abbaye de ce nom, il entraîna avec lui toute sa famille et une trentaine de compagnons ; et Cîteaux, tout à coup, comme si un ferment sacré eût agité sa masse, Cîteaux se dilata ; les moines y affluèrent. La ruche trop remplie dut essaimer. Au bout de deux ans, Bernard fut envoyé à Clairvaux pour fonder une autre abbaye. Il partit, créa cette abbaye nouvelle et, en quelques années, sept cents moines étaient à l'étroit dans Clairvaux, qu'il fallut agrandir. Vous entendez, sept cents ! Et pendant la vie de ce moine puissant, d'un rayonnement incoercible, soixante-douze abbayes s'élevaient à sa voix dans la chrétienté, et cent soixante en comptant celles que Cîteaux adoptait comme siennes. A quoi tend ce discours, direz-vous ? A vous montrer comment saint Bernard fut, au douzième siècle, le plus puissant rénovateur de la sainteté évangélique.

En effet, dans ces cent soixante abbayes affluèrent les Germains indomptés. Là, ils se soumettaient, comme l'auroch et comme le bœuf sauvage, au joug de l'Évangile, ils atténuaient leurs instincts, modéraient leur nature, et s'initiaient à la grande loi du sacrifice, dans la chasteté, l'obéissance, la vie austère et pénitente.

Ils nous préparaient, Messieurs, ce sang moderne issu de leurs veines et de leur esprit ; car on a beau dire, les vertus se transmettent. Quand on a pu inspirer aux hommes assez de vertu pour atténuer la vigueur d'un sang malsain et y allumer au contraire la sainte ardeur de Dieu, on peut être regardé comme un bienfaiteur de l'humanité.

Ah ! la mauvaise histoire, ah ! les mauvais conseillers qui jettent la pierre à ces moines, à ces moines comme nous ! Peuvent-ils oublier que, si nous ne donnions pas au monde l'exemple du sacrifice, de l'austérité qui se contentait alors de la soupe comme à Clairvaux, de la soupe aux feuilles de hêtre et d'herbages de la forêt, qui se contentait d'un pain noir fait de millet, d'orge et d'avoine, que si, à l'exemple du sacrifice nous n'ajoutions pas celui de l'amour ardent de Dieu, les hommes seraient encore des violents comme les barbares de ce temps ou des civilisés à l'image de la Rome impériale ! Non ! Messieurs, ni barbares comme les Germains avant que saint Bernard ne les eût civilisés, ni Romains à la façon de ceux de Néron, de Caligula et même de César et d'Auguste, tels que le paganisme les avait pétris. Nous sommes et nous resterons des hommes à l'image de Jésus-Christ.

Ainsi, Messieurs, dans cette poussée monastique qui est la gloire du douzième siècle, saint Bernard est le plus grand des rejetons ; mais on ne peut oublier, par exemple, saint Norbert, fondateur des Prémontrés, ni saint Étienne, le fondateur de Cîteaux, ni saint Bruno, le fondateur des Chartreux. Des moines ! grâce à Dieu, il y en a encore aujourd'hui pour la sanctification du monde moderne, mais ils ont changé de forme. Ils avaient alors l'austérité violente, nécessaire pour les natures auxquelles ils avaient à s'adresser, et s'ils l'ont tempérée et adoucie, ils ont gardé du moins avec le sacrifice d'eux-mêmes l'amour véhément de Dieu qui est l'essence du monachisme ; je laisse de côté tous les ordres venus après saint Bernard qui a préparé leur genèse, les mendiants comme nous sommes, dominicains et franciscains, pour arriver aux modernes, aux jésuites, auxquels je suis heureux de rendre hommage. L'ordre des jésuites a continué le monachisme ; seulement, au lieu de faire manger à ses hommes la fameuse soupe de Clairvaux, il leur a fait manger à tous ce que les bourgeois mangent ; mais il a lié la volonté, et en liant la volonté il a donné à notre monde moderne le plus grand exemple qu'on pût donner dans ce temps où l'on ne peut pas obéir, où l'on ne sait pas obéir, et où il faut persuader à l'ouvrier, à l'employé et même à l'administrateur subordonné qu'on doit obéir, si l'on veut faire quelque chose, et ne pas croupir dans l'impuissance ou s'agiter dans de stériles révolutions. Et c'est l'honneur de la Compagnie de Jésus, l'honneur de toutes les congrégations modernes, de quelque nom qu'elles s'appellent, d'avoir formé ces armées effrayantes — dans le sens bon du mot — qui, sachant obéir comme les plus fortes armées, comme l'armée prussienne elle-même ne sait pas obéir, sont capables de toutes les victoires.

Et alors ?... alors, je conclus qu'un foyer de sainteté évangélique reste toujours allumé sur cette terre de corruption. Je m'efface volontiers derrière ces grands sacrifiés, et, en ne faisant qu'un corps et qu'une âme avec toute la grande famille monastique, je demande pour nos temps modernes qu'on nous laisse pulluler, et que par conséquent les associations religieuses aient le droit de se reformer, non pas pour absorber l'État et amasser des richesses de main-morte et absorber la terre, mais pour la sauver.

Qu'on fasse des lois et qu'on limite notre puissance de posséder, peu m'importe !

Quand nous n'aurions qu'un point, un seul, vous m'entendez, pour poser le pied sur terre — il le faut bien puisque nous en sommes ! — il nous suffira. Nous serons comme le pin, — je ne dis pas comme le chêne, afin de ne pas reproduire une image célèbre qui ne traduirait pas bien ma pensée, — nous serons comme le pin, nous n'aurons que du sable pour vivre, mais nous aurons le ciel pour fleurir. Le pin deviendra la forêt, et il vous donnera de l'ombre à vous autres que le poids du jour accablera et que les huit heures de travail trouveront peut-être encore lassés, quand le soleil sera trop chaud et la vie trop accablante.

Messieurs, saint Bernard a rendu un autre grand service et accompli une autre grande œuvre dans son siècle. Il a été l'agent le plus actif, le plus étonnant et le plus irrésistible de l'unité de l'Église. Vous connaissez assez l'histoire, vous, Messieurs, et vous, Mesdames, qui rivalisez avec vos frères et vos maris de culture et d'instruction, pour savoir qu'au douzième siècle, de l'an 1130 à l'an 1138, l'Église traversa une crise terrible : elle aurait tué une institution dont la base n'aurait pas reposé sur Dieu même, sur la parole qui ne trompe pas. Il y avait deux papes : un pape et un antipape. Le pape s'appelait Innocent II et l'antipape Anaclet. Je ne vous expliquerai pas dans le détail comment cette situation avait pu se produire, c'est inutile à mon sujet. Je constate simplement le fait, en remarquant toutefois d'une manière générale que cette crise redoutable tenait aux rapports étroits qui liaient l'Église aux gouvernements de ce monde.

Le gouvernement de ce monde, c'est la terre où s'engendrent toutes les divisions, parce que le gouvernement de ce monde, c'est le gouvernement des intérêts. Les liens étroits qui, en ce moment, rattachaient l'Église à l'État devaient presque forcément créer dans l'Église les divisions qui déchiraient les États. Une de ces divisions dont souffrit l'Église alors est précisément celle qu'on a appelée le schisme de Rome. Il fallait que le schisme cessât, car si l'Église n'est pas une, elle n'existe pas ; le vœu de Jésus : « Qu'ils soient un comme vous, Père et moi, nous sommes un », ne doit pas être trompé, ni sa parole trouvée en défaut. Pendant huit ans, on se demandait qui était pape. La chrétienté d'alors, c'est-à-dire le monde, se trouvait partagée en nombreux royaumes que je puis vous énumérer, ce sont : l'empire romain d'Allemagne, l'Angleterre, la France, et dans la France, comme feudataire, un grand duché qui valait presque un royaume, le duché d'Aquitaine ; il y avait aussi les royaumes de Jérusalem, d'Espagne et de Portugal ; les villes et les républiques d'Italie et, au bout de l'Italie, le duché de Sicile.

Voyez-vous l'état de l'Église au milieu de ces empires, royaumes, républiques et duchés dont l'ensemble formait la chrétienté ? Nous nous lamentons quelquefois en observant combien l'Église est agitée dans nos temps modernes ! Que nous sommes heureux quand nous comparons l'état présent à celui d'alors ! Est-il possible aujourd'hui d'avoir deux papes ? Et puis, que nous importent les sociétés de ce monde ! Si elles veulent de nous, nous irons à elles ; si elles ne veulent pas de nous, nous secouerons la poussière de nos pieds, et nous irons au désert. Alors, il n'y avait pas moyen de vivre sans elles, et le vrai pape Innocent et l'antipape Anaclet se disputaient ces peuples qui composaient la grande famille chrétienne.

Que fallait-il pour régler la question d'une manière définitive? Deux choses: signaler au monde quel était le vrai pape, et ensuite rallier au vrai pape les divers États indécis ou hostiles.

A qui fut confiée cette grande, cette sainte mission, Messieurs? A l'homme que nous vénérons aujourd'hui, à votre grand ancêtre, à Bernard, abbé de Clairvaux. C'est lui qui, au concile national d'Étampes, fut, à l'unanimité, chargé par l'assemblée d'exprimer le sentiment vrai sur Anaclet et sur Innocent II. L'humble moine fut bien effrayé de cette grande mission; il résista d'abord, il ne voulait pas. « Comment, disait-il, c'est à moi qu'on songe pour vous enseigner? Ignorant, je ne le puis; moine, je ne l'ose; pénitent, je ne le désire. » L'assemblée persista, et après avoir prié Bernard, elle le désigna pour son rapporteur, comme on dirait aujourd'hui. Il y avait là le roi de France, et cet admirable Suger, son ministre, un abbé, un moine. En ce temps-là, les moines étaient ministres et ministres de premier ordre. On n'en a guère vu depuis de cette taille. Il y avait aussi dans l'assemblée des évêques. Bernard allait droit, court; cet homme était Bourguignon. Il ne se perd pas en long discours dans ses traités; ils ressemblent à des lames, à des poignards. Bernard exposa deux choses bien simples; il dit: « Nous devons considérer le mode de l'élection, et la valeur de l'élu; pour le mode de l'élection, il n'y a pas de doute, les canons sont en faveur d'Innocent; quant à la valeur du sujet, Innocent II est irréprochable aux yeux de la chrétienté; quant à Anaclet, il y a beaucoup à dire sur son compte. » Anaclet était de descendance juive, d'une famille convertie qui avait été puissante à Rome ; personnellement il était suspect. L'assemblée entière acclama la décision de Bernard et dit : « C'est l'oracle de Dieu. » Le roi de France, indécis, se rallia à Innocent II. Il restait le roi d'Angleterre qui, perplexe, ne savait que penser. Les évêques du royaume, on ne sait pourquoi, hésitaient. Savez-vous ce que Bernard lui dit ? Vous allez reconnaître là encore votre sang. Il s'approche du roi et, avec sa vigueur naturelle, il lui dit : « Maître, vous êtes indécis, eh bien, pour vos péchés, pour les péchés de votre vie, chargez-vous-en ; mais pour le péché que vous commettriez, en reconnaissant Innocent II, je m'en charge devant Dieu. »

Le roi d'Angleterre céda. L'exemple de l'Angleterre et de la France entraîna l'empereur d'Allemagne, Lothaire de Saxe. Il restait le duc d'Aquitaine, il fut vaincu en quatre ans. Bernard procédait comme un général d'armée irrésistible pour lequel chaque combat est une victoire. Quant à Guillaume, c'était un violent, un débauché, presque un criminel. Il avait auprès de lui un faux légat, un intrus, Gérard, évêque d'Angoulême. Bernard va droit avec l'évêque de Soissons à l'abbaye de Chastellier, dans l'Aquitaine, et mande au duc de venir le voir dans son monastère, où, après sept jours, il finit par le convertir.

Le duc se retire, mais Gérard reprend aussitôt son influence un moment perdue, et rallie à nouveau Guillaume à l'antipape. Quatre ans après, Bernard, que l'esprit de Dieu ne laissait reposer qu'après la victoire, revint vers le redoutable duc ; les conférences furent reprises et se prolongèrent plusieurs jours. Avant la dernière, au moment où il célébrait la messe en présence de Guillaume et d'une grande multitude, le vaillant abbé, dit un chroniqueur, cessant tout à coup d'agir en homme, obéit à l'impulsion de l'esprit de Dieu. Il met l'hostie sur la patène, il s'avance droit vers le duc, — l'assemblée était haletante, on connaissait la violence des instincts de Guillaume, — Bernard lui dit : « Tu as méprisé jusqu'à présent les ministres de celui qui est au-devant de toi, est-ce que tu mépriseras leur Maître, et ton Juge ? » L'accent fut tel — l'éloquence n'est pas dans les paroles — l'accent fut tel que le duc, comme si une force invisible, irrésistible l'avait terrassé, roula aux pieds de Bernard. Bernard le pousse du pied. — « Lève-toi, lui dit-il, remets sur leurs sièges les évêques que tu as dépossé-dés, va demander pardon à l'évêque de Poitiers que tu as chassé et insulté, sois maintenant l'humble serviteur de Dieu et le fils soumis d'Innocent II. »

Cette bête sauvage était changée en un agneau docile : Guillaume d'Aquitaine se leva ; il fit ce que Bernard lui avait dit ; il reconnut pour vrai pape Innocent II. Les évêques furent restaurés sur leurs sièges. Et croiriez-vous que ce duc d'Aquitaine finit en pèlerin pénitent ! Il partit pour le tombeau de Jacques de Compostelle. C'est ainsi qu'on se sanctifiait alors, que les rois savaient prendre le chemin des sanctuaires et des chartreuses. Les Présidents de République et les ministres pourraient quelquefois en faire autant ; dans tous les cas, en agissant ainsi, ils suivraient une voie que n'ont pas dédaignée les majestés ducales et royales. Mais avant de renoncer à ce monde, Guillaume fit son testament dans lequel il inséra cette clause : « Je désire que ma fille Éléonore épouse le roi de France, si mes barons l'approu-vent. » Comme alors la terre suivait le maître, en épousant

Éléonore, héritière de son père, le roi de France réunissait à son domaine deux duchés : le duché d'Aquitaine et le duché de Poitou. C'est ainsi que la politique de l'Église sert quelquefois à agrandir un royaume, sans violences et sans verser le sang. Il est vrai que la politique humaine a défait ce que la politique de Bernard avait inspiré, qu'Éléonore, malgré les conseils de l'Église, fut répudiée, et qu'elle porta en Angleterre ses deux fameux duchés. Ils nous ont valu une guerre formidable qui dura jusqu'à ce que le sang français, généreux comme pas un, eût jeté dehors tout ce qui n'était pas de la pure race française. On sait ce qu'il en coûte, Messieurs, pour mettre dehors l'étranger, et aujourd'hui, hélas ! nous savons ce qu'il en coûte pour arracher à l'étranger ce qui nous a été pris !

Je ne puis pas tout dire et j'abrège. Il restait à rallier les républiques et les villes d'Italie. Eh bien, saint Bernard, appelé par le pape, ne faisant rien par lui-même — car c'est là ce qu'il y a d'étonnant dans cet homme — toujours obéissant, agissant malgré lui, a conquis des villes comme il terrassait les hommes.

Il a conquis Gênes, Pise, Milan, Plaisance, Pavie ; Crémone seule lui a résisté ; et vous savez ce que sont les tempéraments italiens et ce qu'étaient alors ces rudes républiques ! Il les a conquises, mais, je dois le dire, à coup de miracles, car cet homme faisait des miracles comme les premiers apôtres, à l'image et à la taille desquels il était formé. Un Allemand, le docteur Georges Huffer, a publié un livre savant dans lequel, suivant les règles de la critique historique, il établit que tous les miracles de Bernard sont des faits incontestables. Par conséquent, quand on vient dire : « Des miracles, je n'en ai pas vu, la science ne les admet pas! c'est de la fantasmagorie, du charlatanisme et de la superstition… », je ne m'inquiète guère de cette bourgeoisie philosophique qui a des prétentions à la science. Elle ne mérite pas une réfutation ; il n'y a pas à s'occuper de ces négations vulgaires, d'autant plus faciles à dédaigner qu'elles sont sans preuves et supposent toujours quelque infirmité d'esprit dans ceux qu'elles prétendent combattre.

Lorsqu'on a au cœur, dans le caractère et dans l'esprit, un peu d'indépendance et de raison, on est au-dessus, Messieurs, de tout préjugé, même du préjugé contre le miracle. Ce qui importe, c'est d'être sincère, honnête, clairvoyant, et de reconnaître sans hésitation et sans peur tous les faits documentés et attestés par des témoins véridiques — ces faits fussent-ils miraculeux. Et je vois ces mêmes hommes qui sont enragés contre les miracles, faire un appel au bras séculier pour empêcher que les moines ne se développent, exactement comme des inquisiteurs à rebours. Puisqu'ils les imitent, qu'ils cessent de les bafouer.

Pourquoi faut-il que, dans un siècle où tout se passe au grand jour, on voie des hommes d'un modernisme qui devrait signifier liberté, impartialité, justice, être tout le contraire de la justice, de la liberté et de la vérité et faire appel au bras séculier contre ceux qui les gênent !

Pardonnez-moi cette digression un peu vive, Messieurs, j'avais le devoir de dire ces quelques mots pour maintenir intacte aux mains de Bernard une de ses armes d'apôtre, la force thaumaturgique.

La dernière victoire du grand moine a été celle qu'il remporta sur Roger, comte de Sicile. C'était le dernier soutien de l'antipape, de tous le plus redoutable. Le Pape, ne sachant plus que devenir, fit appel à Bernard mourant —

car il était toujours mourant, cet homme ; il se levait de sa couche et partait pour vaincre les empereurs et les ducs, les royaumes et les villes ; c'était une âme dans les mains de Dieu, qui faisait ce que Dieu voulait.

Bernard se leva et vint dire au Pape : « Je vais trouver Roger, le sommer de se rendre. » Le Pape lui répondit : « Va. » Il se rendit près de Salerne, au camp de Roger et lui dit : « Vous allez reconnaître Innocent. » Roger refuse. — « Vous refusez ? demain vos troupes seront taillées en pièces, » et il s'en alla. Le lendemain, les troupes de Roger étaient taillées en pièces par les troupes de l'empire, en moins grand nombre, et le victorieux disait : « C'est aux prières du moine Bernard, que je dois la victoire. » La défaite de Roger ne l'amena pas à résipiscence, mais les événements conduits par Dieu produisirent le résultat souhaité et déjà préparé par Bernard. Le duc de Sicile, quelques années plus tard, se réconcilia avec le vrai Pape.

Je n'insiste pas, Messieurs, de peur de prolonger ce récit outre mesure. C'est ainsi qu'à force de prière, de sainteté, de miracle, de persévérance et d'apostolat, fut rétablie par Bernard l'unité de l'Église. Remarquez que cette époque a été l'une des plus redoutables et des plus terribles que l'Église ait traversées. Bernard seul triomphe et domine, lui qui pourtant n'a pas même la santé physique, mais seulement la santé de l'esprit. Il est vrai qu'il vaut mieux avoir la santé de l'esprit qui est la présence vivante de Dieu, de la force infinie dans un homme, que la santé du corps. Tout malade et tout mourant qu'il fût, elle lui donna, cette présence, la force de tailler en pièces des armées rebelles, et il fut en même temps humble et doux comme le plus ignoré des moines. Au milieu de ses absences, il écrivait à ses frères de

Clairvaux : « Ah ! mes enfants, comme il me serait doux de me reposer auprès de vous ! Par-dessus tout, ce que je demande à Dieu, c'est de mourir dans vos bras. » Il devait être exaucé. Il se compare à un oiseau sans plumes, toujours hors de son nid. Il disait : « Moi qui n'ai voulu être qu'un moine, me voilà la chimère de mon siècle. Je suis toujours hors de mon abbaye, mêlé à des affaires qui ne devraient pas me regarder. » Et en effet cet homme, qui n'avait pas d'autorité puisqu'il n'était qu'un humble abbé, a été dans son siècle le plus grand des pouvoirs.

Il me reste, Messieurs, pour compléter cette esquisse faite à trop grands traits de la figure de votre héros, à vous parler de sa fonction doctrinale au douzième siècle. Bernard a été l'apôtre vigilant, le docteur clairvoyant qui a signalé toute erreur et pourchassé toute hérésie dans son temps.

Depuis la promulgation de l'Évangile, deux puissances vivent côte à côte dans un perpétuel conflit : d'une part, la raison avec les systèmes en vogue ; d'autre part, la foi qui représente l'éternelle parole de Dieu et de Jésus-Christ, gardée par l'Église, transmise par les apôtres, conservée par les évêques qui nous la distribuent dans le monde entier.

La suprême, je pourrais dire l'éternelle tentation d'un siècle, c'est de faire prévaloir la raison contre la parole de Dieu, de préférer les systèmes que la raison se fabrique à travers les âges à l'éternel enseignement de l'Église et de Jésus-Christ.

Au douzième siècle, trois ou quatre hommes ont résumé ce mouvement : Abailard, dont le nom est populaire pour toute autre cause que sa doctrine, Gilbert de la Porrée, Henri disciple de Buys et Arnaud de Brescia.

Abailard et Gilbert de la Porrée n'étaient pas à proprement parler des hérétiques, c'étaient des hommes jeunes, ardents, actifs, emportés — le premier surtout — par la turbulence de leur génie. La raison publique encore mal éduquée était troublée par l'apparition des livres d'Aristote, grisée par la dialectique et la métaphysique.

Le problème de la connaissance humaine était soulevé sous un nom que je puis citer au clergé qui le connaît, et à vous aussi, Messieurs, dont la culture est parfaite, sous le nom de *problème des Universaux*.

On se demandait si les concepts universels de notre esprit avaient une réalité en dehors de lui, ou bien s'ils n'étaient que de simples signes, par conséquent des noms sans fondement dans les choses. C'est ce même problème qui a été repris à nouveau, si fortement, par Kant, sous le nom de *catégories* de l'esprit humain. Il en est peu d'aussi graves ; car en cherchant à déterminer avec précision et sûreté le *subjectif* et l'*objectif*, ce qui n'a d'existence que dans notre esprit, et ce qui existe réellement en dehors de l'esprit, on peut arriver à ébranler les bases même de toute certitude. A ce moment, cette question passionnait tout le monde, — même les femmes. Je vous surprendrai peut-être en vous disant que, quand Abailard allait enseigner soit à Paris, soit en province, il ne rassemblait pas seulement autour de lui une multitude, comme celle qui m'écoute, composée de personnes choisies et distinguées, depuis les prélats et les magistrats jusqu'aux lettrés éminents, mais il ralliait une assemblée innombrable, tout un peuple. Quand Abailard arrivait quelque part on ne trouvait plus de place pour se loger ; tous, hommes et femmes, chanoines et guerriers, lettrés et illettrés, se pressaient pour l'entendre parler de dialectique. Vous voyez que les femmes alors, dans ce moyen âge traité de siècle ténébreux, avaient déjà pris spontanément la voie où l'on veut qu'elles entrent aujourd'hui.

Ce mouvement rationnel mal contenu a fait courir à la foi un grand péril. Le péril que la foi rencontre en tout siècle est ceci : tous les hommes — je ne parle pas du vulgaire — mais les hommes qui ne sont pas sans quelque talent ou même sans quelque génie, au lieu de se soumettre à l'éternelle parole de Dieu, veulent l'interpréter suivant leur propre esprit et d'après leur système préféré : s'ils sont panthéistes, ils interprètent l'Évangile et les dogmes en panthéistes ; s'ils sont matérialistes, il les interprètent en matérialistes ; idéalistes, en idéalistes, mêlant leurs idées éphémères à l'éternelle parole de Dieu.

C'est ce que faisait Abailard. Il avait commis des erreurs assez graves sur la nature de la foi qu'il appelait « une estimation » et dont il ébranlait l'immuable certitude. Il tournait à l'hérésie Sabellienne, en ne maintenant pas la vraie distinction des personnes divines. Il prétendait que Jésus-Christ s'était incarné simplement pour nous instruire ; quand il s'est incarné, disait Bernard, pour nous sauver, pour nous donner la force de bien faire. Cette doctrine du docteur célèbre rappelait la doctrine de Pélage, et détruisait la nature de la grâce qui est plus qu'une lumière, qui est surtout une énergie divine entraînant à Dieu notre volonté défaillante.

Gilbert de la Porrée, évêque de Poitiers et disciple d'Abailard, faisait aussi des erreurs sur la nature de Dieu. Égaré par sa philosophie incomplète sur les *universaux*, il disait : « La divinité ce n'est pas Dieu ; Dieu est Dieu ; mais la divinité, la forme divine, n'est pas Dieu. » Alors se réunit le concile de Reims où Gilbert eut avec Bernard une altercation vive dans laquelle reparut tout le caractère énergique de ce dernier.

Vous allez voir comment parlait ce docteur melliflu :

« Gilbert, est-ce que tu affirmes vraiment que la divinité n'est pas Dieu ? Alors, écris-le ! »

Et Gilbert répond :

« Bernard, est-ce que tu affirmes que la divinité est Dieu? Alors, écris-le ! »

« Je voudrais, dit Bernard, l'écrire avec un stylet de fer sur du diamant. »

Quelle énergie !

Mais, voici où se retrouvait la douceur du grand moine : il n'accablait pas ceux qu'il terrassait. Son affection ardente savait adoucir leurs plaies; aussi il les ramenait toujours à Dieu et à lui. Oh ! lorsque j'entends les modernes historiens traiter ces questions que souvent ils ne comprennent guère, lorsque je les entends dire : « Abailard, voilà l'homme moderne, voilà le précurseur des esprits affranchis et libres, celui qui nous a devancés tous. Vive Abailard! » j'ai peine à contenir ma surprise. Messieurs, vous oubliez une chose, c'est qu'Abailard n'est pas de votre avis. Abailard a reconnu les erreurs que lui reprochait l'abbé de Clairvaux : il les a condamnées lui-même, et en moine pénitent il est allé demander un refuge à l'abbaye de Cluny, sous la loi douce et paternelle de Pierre le Vénérable, et pendant deux ans il y a fait pénitence de ses folles amours et de ses folles doctrines; à tel point que Pierre le Vénérable, écrivant sur lui — c'est historique — a pu dire dans une lettre à Héloïse même : « Je ne connais pas dans toute l'abbaye d'homme plus modeste et plus humble que lui. » Il a fini comme un saint, réconcilié avec Bernard qui l'avait terrassé, non point par un sentiment humain, mais par le sentiment de l'immutabilité de la foi, dont il se constituait par l'esprit le gardien souverain sous la direction du Pape.

Certes, ce que Bernard voulait, ce n'était pas détruire la raison, c'était la contenir ; au lieu de soumettre la foi à la raison, il demandait que la raison se soumît à la foi. Au lieu d'appliquer à la doctrine révélée les concepts insuffisants de notre esprit, il voulait que la raison s'enrichît des éternelles vérités de Dieu.

Là est le motif de la lutte ardente qu'il soutint contre Abailard et contre Gilbert de la Porrée, évêque de Poitiers.

Comme toujours son ferme jugement et sa foi admirable eurent raison. Ce fut un grand service rendu, quoi qu'en disent les historiens mal renseignés, car le génie du douzième siècle contenu par saint Bernard a préparé le génie si pondéré du treizième.

Quant à l'hérétique disciple de Bruys, Henri, qui disait : « Plus d'églises, plus de sacrements, plus de prêtres, l'esprit intérieur suffit, » et qui trompait les populations par ses formes d'austérité, savez-vous comment Bernard s'y prit pour le vaincre ? Toujours à demi-mort, il s'en alla du côté de Toulouse et suivit pas à pas l'hérétique accompagné d'évêques et de prêtres ; il détrompait les populations séduites, et comme il avait affaire à des âmes simples, il disait à Dieu : « Mon Dieu, donnez-moi de faire des miracles, puisque ce peuple en demande. » Et il accomplissait ces prodiges que les historiens rapportent et qu'on ne peut nier, tant l'authenticité en est certaine.

Un jour, ayant béni des corbeilles de pains, il dit à haute voix au peuple : « Ceux qui en mangeront seront guéris de leurs infirmités. » Et un évêque ajouta : « Ceux qui en mangeront « avec foi ». Il voulait sauvegarder Bernard. — « Non, dit Bernard, tous ceux qui en mangeront seront guéris de leurs infirmités, afin qu'il soit établi que c'est la vérité que nous apportons et que ces novateurs ne propagent que l'erreur. » Ceci, c'est l'esprit de Dieu et non l'esprit de l'homme. Je ne vous dis pas que vous pourriez imiter Bernard, il faut avoir la plénitude de l'inspiration de Dieu pour tenir un langage pareil, et il l'avait; Dieu lui donnait toute sa sagesse et sa toute-puissance.

Il a terrassé encore un dernier hérétique que je veux nommer, parce qu'il est unique en son genre, Arnaud de Brescia.

C'était encore un disciple d'Abailard. Il était venu en France et se mit à prêcher sur la corruption du clergé ; il avait beau jeu devant le peuple. Moi, j'aurais mauvais jeu devant vous, si je voulais tenir le rôle d'un Arnaud de Brescia. Voyez comme les temps sont changés ! Nous pouvons être fiers de notre clergé, il tient bien sa place, il affirme toute sa foi, en union à ses évêques ; il a des mœurs irréprochables ; il porte bien le sac à la caserne — j'en ai des témoignages ; — il n'y a pas de soldats comme ceux-là. Vous l'avez voulu, Messieurs, vous devez être satisfaits, vous en verrez bien d'autres. Vous avez essayé de nous atteindre par certaines mesures, il n'y a pas une plainte ! Les séminaristes que l'on a poussés à la caserne aux cris violents de : « Curés ! sac au dos ! » y occupent dignement leur place. Et j'avoue que le sac ne dépare pas leur soutane ou que la soutane les aide à bien porter le sac : ce qui est encore plus vrai.

Savez-vous ce que voulait Arnaud de Brescia ? il voulait

renouveler la république romaine. Il disait : « Le pape, les évêques, le clergé ne sont point faits pour les biens de ce monde : plus de pouvoir temporel, plus de situation, plus rien ! » Mais, alors ! il n'y a plus qu'à partir pour l'autre monde. Si on n'a plus rien, il n'y a pas d'exception, on meurt. Il faut toujours quelque chose pour vivre, pour être ; et pour être et pour vivre matériellement, il faut quelque chose de matériel. Arnaud essaya donc de reconstituer la république romaine. Voulez-vous me permettre une réflexion, en passant ?

Saint Bernard a été rude contre Arnaud de Brescia. Quoiqu'il n'ait pu l'atteindre directement, il écrivit à Rome à son sujet, de façon à ouvrir les yeux de tous sur le faux réformateur, sur sa fallacieuse doctrine de retour à la simplicité des temps primitifs, et sur son austérité de mauvais aloi.

Il y a temps et place pour tous les régimes et pour toutes les vertus dans l'évolution de l'Église. Il y a eu l'Église des Catacombes, pauvre et martyrisée, ne vivant pas sur la terre, mais dessous, comme la graine jetée dans le sillon ; il y a eu l'Église des persécutions qui est remontée sur terre pour y mourir ; il y a eu l'Église de Constantin qui a commencé à faire connaître son esprit et qui l'a infusé dans les masses ; il y a eu l'Église bonne mère, conciliante, ramenant au foyer les infidèles, civilisant les populations sauvages, et pour cela elle a besoin d'avoir de quoi faire face à ses missions ; il y a eu l'Église moderne vivant avec les monarchies de ce monde, en union plus ou moins sympathique ; et enfin, il y a l'Église du dix-neuvième siècle, vivant au Vatican, avec la grandeur que vous connaissez, étonnant le monde par sa doctrine, sa patience, et son calme d'éternité, tenant encore en suspens l'humanité, à tel point qu'une parole tombée du Vatican la met en émoi sur tous les rivages.

Une parole du Vatican est plus redoutable aujourd'hui que les excommunications du temps de Grégoire VII, d'Innocent II et de Boniface VIII. Eh bien, les faux réformateurs sont toujours les mêmes, ils confondent les temps. Ils voudraient que l'Église d'aujourd'hui fût l'Église des Catacombes. — Faux réformateur, laisse donc marcher l'Église ; elle en sait plus que toi, et le moment venu où elle devra reprendre le chemin des Catacombes et la voie ensanglantée des martyrs, elle n'attendra pas ton ordre. Elle connaît ces routes lugubres, elle saura mourir comme elle a su commander et, s'il le faut, verser le sang de ses enfants, pour rendre témoignage à sa foi, à son Christ et à son Dieu.

Honneur à elle ! honneur à Bernard qui a été le redresseur des esprits dévoyés et le marteau de tous les hérétiques de son temps, de tous ceux qui ont voulu détruire l'indépendance de l'Église, diminuer la foi, attenter à la sainteté des mœurs ou corrompre la vérité des bases sur lesquelles l'Église doit vivre en ce monde et savoir s'établir sous peine de ne point répondre à la grandeur de sa mission.

MONSEIGNEUR,

MESSIEURS,

Au temps de saint Bernard, l'Église, le monde chrétien avait toujours en dehors de lui une puissance formidable qui s'appelait le monde musulman et qui menaçait l'essence même de l'Évangile et de la Chrétienté. La coexistence de ces deux mondes a déterminé ces luttes formidables des

Croisades qui ont duré plusieurs siècles, précipitant l'Occident sur l'Orient, afin d'écarter, de repousser par la force un monde qui nous menaçait par la force. Qu'est devenu l'empire de Mahomet, je le demande aux historiens ? L'empire de Mahomet, vous le savez, c'est l'homme malade dont on se dispute l'héritage et qui reste toujours un danger politique pour l'Occident ; mais au point de vue de la civilisation, de la doctrine et de la loi morale, on ne compte plus avec Mahomet. Le christianisme a aujourd'hui devant lui une autre force et je me permets de la signaler. Ce n'est plus Mahomet qui nous menace de son Coran, de sa loi inférieure et de ses armées ; ce qui menace le christianisme aujourd'hui, c'est l'homme que je ne veux pas appeler moderne — nous en sommes des modernes ! — non ! je ne laisserai pas dire : la civilisation moderne en opposition avec le christianisme ; je dirai : c'est l'homme qui ne veut plus de Dieu, plus d'Église, plus d'Évangile, plus de divinité de Jésus, qui ne veut plus du joug sacré de l'Évangile et de la loi qu'il a promulguée ; voilà ce qui nous menace.

Or cet homme d'athéisme et d'incrédulité plus ou moins masquée, ou plus ou moins menaçante, a l'étonnante prétention d'organiser le monde.

Eh bien, vous, l'homme sans Dieu, organisez-le votre monde ; nous n'y serons pas, et nous n'y serons pas puisque vous voulez l'édifier sans nous et nous mettre à la porte, sous le nom de séparation des Églises et de l'État comme vous affectez de le dire, tandis que vous devriez dire : de l'Église, car il n'y en a qu'une, les autres ne comptent pas ! Elles n'en valent pas la peine.

Au lieu de la séparation de l'Église et de l'État, je dis, moi : des États. Le singulier est pour nous, le pluriel pour vous ! Le singulier est pour nous parce que nous avons l'unité, le pluriel est pour vous parce que vous êtes divisés ; divisés au point que ce monde que vous essayez de construire est sans cesse armé. A qui la provocation ? A qui la première cartouche brûlée ? A qui la première frontière violée ? A qui le premier régiment envahissant le voisin ? Et vous appelez cela l'État, vous autres ? Étrange État ! En tout cas, c'est le péril que l'Église catholique a devant elle aujourd'hui. Mais ne craignons rien. Je me souviens de Bernard appelant à la croisade contre Mahomet, à une croisade armée contre un monde qui ne pouvait être refoulé que par la force, la cuirasse, le glaive et la lance, et je fais appel à une croisade de l'esprit évangélique combattant l'esprit d'athéisme : vous ne voulez pas de Dieu, nous le maintiendrons ; vous ne voulez pas de l'Église, nous formerons un bataillon carré pour la défendre ; vous ne voulez pas de moines, nous pullulerons ; vous ne voulez pas de l'Évangile, nous le crierons aux quatre vents ; vous voulez comprimer l'esprit de l'Évangile, il sera plus terrible et plus incoercible que l'Océan débordé ; vous ne voulez pas de la liberté, nous la réclamerons, et nous saurons vivre et au besoin mourir pour elle !

Vous nous insulterez et vous nous décrierez ? Le sourire de Voltaire est fini, Messieurs ! Nous sommes devenus sérieux. La jeunesse qui m'écoute en sait quelque chose, et c'est pourquoi en terminant ce trop long discours à l'honneur de ce grand homme dont je ne puis pas épuiser toute la gloire, voulant finir comme lui par un cri d'énergie, j'appelle la jeunesse dijonnaise, comme si toute la jeunesse de la France était ici, à garder les grands biens que nous a donnés la civilisation chrétienne et moderne, et à ne pas tolérer que, dans sa poitrine dilatée, il y ait place pour ces négations qui ne seraient pas seulement la voie préparatoire à l'invasion des frontières et à la défaite du pays, mais qui tariraient dans les sources une civilisation qui est née de Jésus et qui ne vivra que par Jésus et par l'Église, chargée de proclamer son nom à tous les mondes et à tous les siècles.

PARIS. — IMP. V. GOUPY ET JOURDAN, RUE DE RENNES, 71.

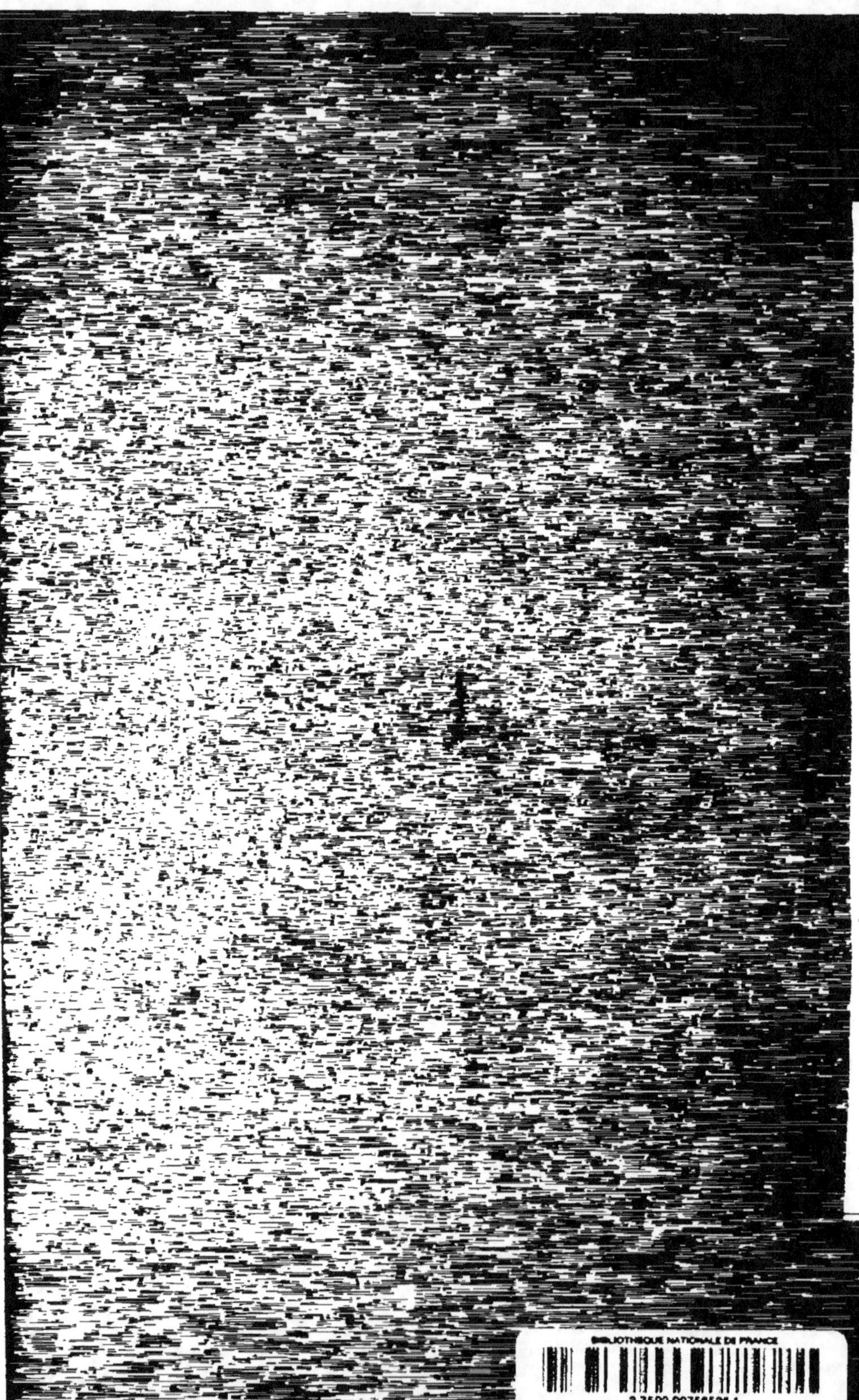

www.ingramcontent.com/pod-product-compliance
Lightning Source LLC
LaVergne TN
LVHW050115060726
842524LV00003B/1122